Oliver Hissek · Wolfram Kautzky

Mediam In Grammaticam!

Überblick über die lateinische Grammatik L4 L6

VERITAS
Lernen verbindet uns

FORMENLEHRE (Morphologie)

SATZLEHRE (Syntax)

ANHANG

Kapitel, die mit einem Sternchen * versehen sind, zählen zum Erweiterungsstoff! In Österreich gilt: Der Erweiterungsstoff umfasst all jene Grammatikkapitel, die nicht ausdrücklich im Kompetenzmodell für das 4-jährige Latein („Kurzlatein") aufgelistet sind.

SALVE!

Wusstest du eigentlich, was ein *Vademecum* ist? Wörtlich übersetzt heißt das „Geh mit mir!“ Und genau mit diesen Worten wird ein Büchlein bezeichnet, das man aufgrund seiner Handlichkeit immer mit sich führen kann.

Mediam In Grammaticam! (kurz: *MIG*) ist so ein Handbuch, und zwar – erraten! – eines für die lateinische Grammatik. Es enthält die wichtigsten Kapitel der lateinischen Formenlehre und Syntax – in übersichtlicher Form mit vielen Tabellen und ohne allzu lange Erklärungen.

Du wirst dieses Nachschlagwerk vor allem in der Zeit nach dem Anfangsunterricht gebrauchen können – also dann, wenn ihr bereits lateinische Originaltexte lest. Du kannst darin immer, wenn dir beim Übersetzen irgendein grammatikalisches Detail (wie z.B. der Nominativ der a-Deklination 😉 ....) entfallen sein sollte, zielsicher nachschlagen.

Um dir unnötigen Lernballast zu ersparen, wird zwischen Kernstoff und Erweiterungsstoff (erkennbar an einem blauen Sternchen*) unterschieden – ersteren solltest du am Ende des Grammatikunterrichts auf jeden Fall beherrschen, letzteren nur dann, wenn du ein richtiger Profi (also z.B. ein lateinischer Native Speaker ...) werden möchtest.

Aufgrund seiner Übersichtlichkeit und Vollständigkeit eignet sich *MIG* übrigens als Ergänzung zu jedem im Unterricht verwendeten Lehrbuch.

Viel Erfolg mit *Mediam In Grammaticam!* wünschen dir

Wolfram Kautzky und Oliver Hissek

I. DEKLINATIONEN

Für alle Deklinationen gilt:

- **3. und 6. Fall Pl.** sind immer identisch
- bei **neutralen** Wörtern sind 1. und 4. Fall immer gleich (im Pl.: *-a*)
- der **5. Fall** lautet immer wie der 1. Fall (Ausnahme: o-Dekl. auf *-us*)
- Personen stehen im **Abl.** mit Präposition, Sachbegriffe ohne Präposition

1. NOMINA (Substantiva)

a- und o-Deklination

	a-Dekl.	o-Deklination			
	feminin	maskulin			neutrum
Sg. 1	*amica*	*amicus*	*magister*	*puer*	*templum*
2	*amicae*	*amici*	*magistri*	*pueri*	*templi*
3	*amicae*	*amico*	*magistro*	*puero*	*templo*
4	*amicam*	*amicum*	*magistrum*	*puerum*	*templum*
5	*amica*	*amice*[1]	*magister*	*puer*	*templum*
6	*amicā*	*amico*	*magistro*	*puero*	*templo*
Pl. 1/5	*amicae*	*amici*	*magistri*	*pueri*	*templa*
2	*amicarum*	*amicorum*	*magistrorum*	*puerorum*	*templorum*
3	*amicis*	*amicis*	*magistris*	*pueris*	*templis*
4	*amicas*	*amicos*	*magistros*	*pueros*	*templa*
6	*amicis*	*amicis*	*magistris*	*pueris*	*templis*

[1] Ausnahmen: Bei **Nomina mit Nominativ auf *-ius*** endet der Vokativ nicht auf *-e*, sondern auf ***-i*** (z.B. *Gai!, Iuli!*), ebenso bei ***meus*** (z.B. *mi fili!* = „mein Sohn").

Geschlecht:

- **a-Dekl. → feminin** (Ausnahmen: Personenbezeichnungen wie *incola* „Einwohner", *poeta* „Dichter" und *nauta* „Seemann" sind nach dem natürlichen Geschlecht, s. S. 8, maskulin.)
- **o-Dekl.** auf ***-us*** und ***-er*** → **maskulin** (Ausnahmen: s. S. 8)
- **o-Dekl.** auf ***-um*** → **neutrum**

„Dritte" Deklination

	Konsonantenstämme		Mischst.[1]	i-Stämme	
	m./f.	n.	m./f.	f.	n.
Sg. 1/5	*homo*	*flumen*	*navis*	*turris*	*mare*
2	*hominis*	*fluminis*	*navis*	*turris*	*maris*
3	*homini*	*flumini*	*navi*	*turri*	*mari*
4	*hominem*	*flumen*	*navem*	*turrim*	*mare*
6	*homine*	*flumine*	*nave*	*turri*	*mari*
Pl. 1/5	*homines*	*flumina*	*naves*	*turres*	*maria*
2	*hominum*	*fluminum*	*navium*	*turrium*	*marium*
3	*hominibus*	*fluminibus*	*navibus*	*turribus*	*maribus*
4	*homines*	*flumina*	*naves*	*turres*	*maria*
6	*hominibus*	*fluminibus*	*navibus*	*turribus*	*maribus*

[1] Außer den Wörtern auf *-is,-is* gehören zu den Mischstämmen auch Nomina, deren Stamm auf zwei oder mehr Konsonanten endet, z.B. *urbs, urb-is; pars, part-is* etc.

Geschlecht:

Nomina der 3. Deklination können **maskulin, feminin** oder **neutrum** sein (→ Regeln s. S. 8).

e- und u-Deklination

	e-Dekl.	u-Deklination	
	f.	m.	n.
Sg. 1/5	*res*	*casus*	*cornu*
2	*rei*	*casus*	*cornus*
3	*rei*	*casui*	*cornu*
4	*rem*	*casum*	*cornu*
6	*re*	*casu*	*cornu*
Pl. 1/5	*res*	*casus*	*cornua*
2	*rerum*	*casuum*	*cornuum*
3	*rebus*	*casibus*	*cornibus*
4	*res*	*casus*	*cornua*
6	*rebus*	*casibus*	*cornibus*

Geschlecht:

- e-Deklination → feminin (Ausnahmen: *dies* „Tag" und *meridies* „Mittag" sind maskulin)
- u-Deklination auf *-us* → maskulin (Ausnahmen: *domus* „Haus" und *manus* „Hand" sind feminin)
- u-Deklination auf *-u* → neutrum

Die wichtigsten Geschlechtsregeln

Deklination	Nom./Gen.	Genus	Ausnahmen
a-Dekl.	***-a/-ae***	feminin	maskulin: *incola, poeta, nauta, agricola*
o-Dekl.	***-us/-i***	maskulin	feminin: alle Bäume (s. unten) neutrum: *vulgus, virus*
	-er/-(e)ri	maskulin	
	-um/-i	neutrum	
e-Dekl.	***-es/-ei***	feminin	maskulin: *dies, meridies*
u-Dekl.	***-us/-us***	maskulin	feminin: *manus, domus, porticus, Idus (-uum)*
	-u/-us	neutrum	
„Dritte" Deklination			
Konsonanten-stämme	***-er/-(e)ris*** ***-or/-oris*** ***-os/-oris***	maskulin	neutrum: *iter, itineris* feminin: *arbor, arboris*
	-o/-onis (-inis) ***-as/-atis*** ***-us/-utis*** ***-x/-gis (-cis)***	feminin	maskulin: *sermo, ordo* maskulin: *grex, rex*
	-men/-minis ***-us/-eris*** ***-us/-oris***	neutrum	
Mischstämme	***-is/-is*** („Gleichsilbler": *navis, navis* etc.)	feminin	maskulin: Nomina auf *-cis, -nis, -guis*
	Stamm auf zwei Konsonanten (*urbs, urb-is* etc.)	feminin	maskulin: *dens, mons, fons, pons*
i-Stämme	***turris, febris, sitis, puppis, vis, securis***	feminin	
	-e/-al/-ar	neutrum	

▶ Zusätzlich zu den hier angeführten „grammatischen" Geschlechtsregeln (erkennbar an den Endungen) gibt es das sogenannte **„natürliche Geschlecht"**, das sich nach der Bedeutung des Wortes richtet:

- männliche Personen sowie Völker, Flüsse, Winde → immer **maskulin**
- weibliche Personen sowie Länder, Inseln, Bäume → immer **feminin**

2. ADJEKTIVA

Adjektiva der a- und o-Deklination

	a) *bonus 3 (= bonus/a/um)*		
	m.	f.	n.
Sg. 1	*bonus*	*bona*	*bonum*
2	*boni*	*bonae*	*boni*
3	*bono*	*bonae*	*bono*
4	*bonum*	*bonam*	*bonum*
5	*bone*	*bona*	*bonum*
6	*bono*	*bona*	*bono*
Pl. 1/5	*boni*	*bonae*	*bona*
2	*bonorum*	*bonarum*	*bonorum*
3	*bonis*	*bonis*	*bonis*
4	*bonos*	*bonas*	*bona*
6	*bonis*	*bonis*	*bonis*

(→ Steigerung: siehe S. 10!)

	b) *pulcher/chra/chrum*			c) *miser/era/erum*		
	m.	f.	n.	m.	f.	n.
Sg. 1/5	*pulcher*	*pulchra*	*pulchrum*	*miser*	*misera*	*miserum*
2	*pulchri*	*pulchrae*	*pulchri*	*miseri*	*miserae*	*miseri*
	⋮	⋮	⋮	⋮	⋮	⋮

Adjektiva der dritten Deklination

	a) 1 Endung im Nominativ		b) 2 Endungen		c) 3 Endungen		
	m./f.	n.	m./f.	n.	m.	f.	n.
Sg. 1/5	*prudens*		*fortis*	*forte*	*celer*	*celeris*	*celere*
2	*prudentis*		*fortis*		*celeris*		
3	*prudenti*		*forti*		*celeri*		
4	*prudentem*	*prudens*	*fortem*	*forte*	*celerem*		*celere*
6	*prudenti*		*forti*		*celeri*		
Pl. 1/5	*prudentes*	*prudentia*	*fortes*	*fortia*	*celeres*		*celeria*
2	*prudentium*		*fortium*		*celerium*		
3	*prudentibus*		*fortibus*		*celeribus*		
4	*prudentes*	*prudentia*	*fortes*	*fortia*	*celeres*		*celeria*
6	*prudentibus*		*fortibus*		*celeribus*		

Steigerung der Adjektiva

a) POSITIV (Grundstufe) – s. S. 9

b) KOMPARATIV (Mehrstufe):

Merkmal ist die Silbe -*ior*-, die an den Wortstamm (Gen. Sg. ohne Endung -*i*/-*is*) der Grundstufe angefügt wird (Ausnahme: 1./4. Fall Sg.n.: -*ius*):

clarus → *clarior/ius; pulcher* → *pulchrior/ius; fortis* → *fortior/ius*

Der Komparativ wandelt nach der 3. Deklination (Konsonantenstämme, vgl. S. 7) ab:

	m./f.	n.
Sg.1/5	*fortior*	*fortius*
2	*fortioris*	
3	*fortiori*	
4	*fortiorem*	*fortius*
6	*fortiore*	

	m./f.	n.
Pl.1/5	*fortiores*	*fortiora*
2	*fortiorum*	
3	*fortioribus*	
4	*fortiores*	*fortiora*
6	*fortioribus*	

Übersetzung: *miles fortior* =
- „der **tapferere** Soldat"
- „der **ziemlich/allzu** tapfere Soldat"

c) SUPERLATIV (Meiststufe):

- auf -*issimus* („Normalfall"): → *clarissimus 3, prudentissimus 3*
- auf -*errimus*: nur bei Adjektiven, die in der Grundstufe auf -*er* enden: → *pulcherrimus 3* (von *pulcher*), *acerrimus 3* (von *acer*)
- auf -*illimus*: nur bei *facilis* („leicht"), *difficilis* („schwierig"), *similis* („ähnlich"), *dissimilis* („unähnlich"), *humilis* („niedrig"): → *facillimus 3, difficillimus* 3, *simillimus 3*

Übersetzung: *miles fortissimus* =
- „der **tapferste** Soldat"
- „der **sehr** tapfere Soldat" (Elativ)

Unregelmäßige Steigerung mit Stammwechsel:

magnus 3	(„groß")	*maior, maius*	*maximus 3*
parvus 3	(„klein")	*minor, minus*	*minimus 3*
bonus 3	(„gut")	*melior, melius*	*optimus 3*
malus 3	(„schlecht")	*peior, peius*	*pessimus 3*
multi/ae/a	(„viele")	*plures, plura*	*plurimi/ae/a*
multum	(„viel")	*plus (Gen.: pluris)*	*plurimum*

Adverbia

Adverbia werden meist vom Adjektiv abgeleitet und bestimmen ein Verb näher (sie gehören *ad verbum* = „zum Verb"). Sie stehen auf die Frage **„auf welche Weise?"** Im Gegensatz zum Deutschen haben Adverbia im Lateinischen eine eigene, nicht deklinierbare Form.

Bildung:

- in der **Grundstufe**:

  a) Adjektiva der **a-/o-Deklination**: Wortstamm + *-e:*
  Adj. *clarus* → Adv. *clare*, Adj. *pulcher* → Adv. *pulchre*

  b) Adjektiva der **3. Deklination**: Wortstamm + *-iter:*
  Adj. *fortis* → Adv. *fortiter*, Adj. *atrox* → Adv. *atrociter*

  c) Adjektiva der 3. Dekl. **auf** *-ns*: Wortstamm + *-er:*
  Adj. *prudens* (Gen.: *prudent-is*) → Adv. *prudenter*

  Bsp.: *fortiter pugnat* = „er kämpft tapfer"

- im **Komparativ**: Stamm der Grundstufe + *-ius* (entspricht der Komparativendung des Adjektivs im Neutrum!)
  clarus → *clarius*, *fortis* → *fortius*, *prudens* → *prudentius*

  Bsp.: *fortius pugnat* = „er kämpft tapferer (ziemlich tapfer)"

- im **Superlativ**: Superlativ des Adjektivs mit der Endung *-e*
  clarus → *clarissime*, *pulcher* → *pulcherrime*, *facilis* → *facillime*

  Bsp.: *fortissime pugnat* = „er kämpft am tapfersten (sehr tapfer)"

Wörter mit unregelmäßiger Adverbbildung:

bonus → *bene* („gut") *difficilis* → *difficulter* („schwierig")
facilis → *facile* („leicht") *falsus* → *falso* („falsch")

▶ Zusätzlich gibt es auch viele Adverbia, die nicht von einem Adjektiv abgeleitet und wie andere Vokabel zu lernen sind, z.B. *ibi* („dort"), *tum* („damals"), *saepe* („oft"), *diu* („lange"), *ceterum* („übrigens") u.a.

Einige davon kann man auch steigern, z.B.
saepe – saepius – saepissime
diu – diutius – diutissime.

3. PRONOMINA

Personalpronomina (Persönliche Fürwörter)

	1. Person		2. Person		3. Person reflexiv[1]	
Sg. 1	*ego*[2]	„ich"	*tu*[2]	„du"	–	–
2	*mei*[3]	„meiner"	*tui*[3]	„deiner"	*sui*[3]	„seiner", „ihrer"
3	*mihi*	„mir"	*tibi*	„dir"	*sibi*	„sich"
4	*me*	„mich"	*te*	„dich"	*se*	„sich"
6	*a me*	„von mir"	*a te*	„von dir"	*a se*	„von sich"
	mecum	„mit mir"	*tecum*	„mit dir"	*secum*	„mit sich"
Pl. 1	*nos*	„wir"	*vos*	„ihr"	–	–
2	*nostri*[3]	„unser"	*vestri*[3]	„euer"	*sui*[3]	„ihrer"
	nostrum[4]	(„von uns")	*vestrum*[4]	(„von euch")	–	–
3	*nobis*	„uns"	*vobis*	„euch"	*sibi*	„sich"
4	*nos*	„uns"	*vos*	„euch"	*se*	„sich"
6	*a nobis*	„von uns"	*a vobis*	„von euch"	*a se*	„von sich"
	nobiscum	„mit uns"	*vobiscum*	„mit euch"	*secum*	„mit sich"

[1] Als nicht-reflexives Personalpronomen der 3. Person dienen die Formen von *is/ea/id* (→ S. 13).

[2] Die Nominative des Personalpronomens werden nur bei besonderer Betonung geschrieben:
Ego Iuliam amo, tu Claudiam. = „Ich liebe Julia, du (liebst) Claudia."

[3] *mei, tui, sui, nostri, vestri* sind die (sehr selten vorkommenden) Objektsgenetive:
memor sum tui = „ich gedenke deiner"

[4] *nostrum* und *vestrum* sind die (häufiger vorkommenden) Teilungsgenetive (Genetivus partitivus, s. S. 27):
quis vestrum? = „wer von euch?"
multi nostrum = „viele von uns"

Possessivpronomina (Besitzanzeigende Fürwörter)

	1. Person		2. Person		3. Person	
Sg.	*meus/a/um*	„mein"	*tuus/a/um*	„dein"	*suus/a/um*[1]	„sein", „ihr"
Pl.	*noster/tra/trum*	„unser"	*vester/tra/trum*	„euer"		

[1] *suus 3* ist das **reflexive** (rückbezügliche) Possessivpronomen, es bezieht sich immer auf das Subjekt des Satzes. Als **nicht-reflexive** Possessivpronomina dienen die Genetive von *is, ea, id* (s. S. 13): Sg. *eius* („dessen"/„deren") bzw. Pl. *eorum/earum* („deren").

Quintus amicam pulchram habet. Marcus non solum suam, sed etiam eius amicam amat.
= „Quintus hat eine hübsche Freundin. Markus liebt nicht nur seine (eigene), sondern auch dessen (= Quintus') Freundin."

Demonstrativpronomina (Hinweisende Fürwörter)

a) *is, ea, id:* „dieser, diese, dieses" (auch: „er, sie, es", vgl. S. 12)

Sg. 1	*is*	*ea*	*id*
2		*eius*	
3		*ei*	
4	*eum*	*eam*	*id*
6	*eo*	*ea*	*eo*

Pl. 1	*ii*	*eae*	*ea*
2	*eorum*	*earum*	*eorum*
3		*iis (eis)*	
4	*eos*	*eas*	*ea*
6		*iis (eis)*	

b) *idem, eadem, idem:* „derselbe, dieselbe, dasselbe"

Sg. 1	*idem*	*eadem*	*idem*
2		*eiusdem*	
3		*eidem*	
4	*eundem*	*eandem*	*idem*
6	*eodem*	*eadem*	*eodem*

Pl. 1	*iidem*	*eaedem*	*eadem*
2	*eorundem*	*earundem*	*eorundem*
3		*iisdem*	
4	*eosdem*	*easdem*	*eadem*
6		*iisdem*	

c) *hic, haec, hoc:* „dieser, diese, dieses"

Sg. 1	*hic*	*haec*	*hoc*
2		*huius*	
3		*huic*	
4	*hunc*	*hanc*	*hoc*
6	*hoc*	*hac*	*hoc*

Pl. 1	*hi*	*hae*	*haec*
2	*horum*	*harum*	*horum*
3		*his*	
4	*hos*	*has*	*haec*
6		*his*	

d) *ille, illa, illud:* „jener, jene, jenes"

Sg. 1	*ille*	*illa*	*illud*
2		*illius*	
3		*illi*	
4	*illum*	*illam*	*illud*
6	*illo*	*illa*	*illo*

Pl. 1	*illi*	*illae*	*illa*
2	*illorum*	*illarum*	*illorum*
3		*illis*	
4	*illos*	*illas*	*illa*
6		*illis*	

e) *iste, ista, istud:* „dieser, diese, dieses (da)"

Sg. 1	*iste*	*ista*	*istud*
2		*istius*	
3		*isti*	
4	*istum*	*istam*	*istud*
6	*isto*	*ista*	*isto*

Pl. 1	*isti*	*istae*	*ista*
2	*istorum*	*istarum*	*istorum*
3		*istis*	
4	*istos*	*istas*	*ista*
6		*istis*	

f) *ipse, ipsa, ipsum:* „er/sie/es selbst"

Sg. 1	*ipse*	*ipsa*	*ipsum*
2		*ipsius*	
3		*ipsi*	
4	*ipsum*	*ipsam*	*ipsum*
6	*ipso*	*ipsa*	*ipso*

Pl. 1	*ipsi*	*ipsae*	*ipsa*
2	*ipsorum*	*ipsarum*	*ipsorum*
3		*ipsis*	
4	*ipsos*	*ipsas*	*ipsa*
6		*ipsis*	

Relativpronomen (bezügliches Fürwort)

qui, quae, quod: „der, die, das"; „welcher, welche, welches"

Sg. 1	*qui*	*quae*	*quod*
2		*cuius*	
3		*cui*	
4	*quem*	*quam*	*quod*
6	*quo*	*qua*	*quo*

Pl. 1	*qui*	*quae*	*quae*
2	*quorum*	*quarum*	*quorum*
3		*quibus*	
4	*quos*	*quas*	*quae*
6		*quibus*	

▶ Die Präposition *cum* wird an die Ablativformen meist angehängt:
quocum, quacum, quibuscum (statt *cum quo* etc.)

(Relativsätze und *qui, quae, quod* als relativer Anschluss: s. S. 46)

Interrogativpronomina (Fragefürwörter)

a) **Substantivisch** (steht wie ein Substantiv/Nomen alleine):

1	*quis?*	*quid?*	„wer?"	„was?"
2	*cuius?*		„wessen?"	
3	*cui?*		„wem?"	
4	*quem?*	*quid?*	„wen?"	„was?"
6	*a quo?* *quocum?*		„von wem?" „mit wem?"	

Bsp.: *Quem amas?* = „Wen liebst du?"

b) **Adjektivisch** (das Pronomen ist wie ein Adjektiv mit einem Nomen übereingestimmt):

qui?, quae?, quod? = „welcher?, welche?, welches?" (dekliniert wie das Relativpronomen, siehe oben)

Bsp.: *Quem puerum amas, Iulia?*
= „Welchen Buben liebst du, Julia?"

Indefinitpronomina (unbestimmte Fürwörter)

a) „(irgend)jemand"; „irgendein"*

	substantivisch: „irgendjemand, -etwas"	**adjektivisch:** „irgendein"
in Sätzen ohne Verneinung:	*aliquis, aliquid*	*aliqui, aliqua, aliquod*
Merksatz: „Nach *si, nisi, num, ne, ubi, cum* fällt der kleine *ali-* um."	*quis, quid* (vgl. S. 14)	*qui, qua, quod*
in Sätzen mit Verneinung:	*quisquam, quidquam*	*ullus/a/um*

si quis ... = „wenn (irgend)jemand ..."
ne quis ... = „(dass nicht irgendjemand =) dass niemand ..."
neque quisquam ... = „(und nicht irgendjemand =) und niemand ..."

b) ***quidam, quaedam, quoddam:*** „ein (gewisser)", Pl.: „einige"

Deklination: wie *qui, quae, quod* außer Akk. Sg.: *quendam, quandam*
Gen. Pl.: *quorundam, quarundam*

cuidam viro = „einem (gewissen) Mann"
quibusdam viris = „einigen Männern"

c) ***quisque, quidque:*** „jeder"

suum cuique = „jedem das Seine"

d) ***nemo/nihil:*** „niemand"/„nichts"

1	*nemo*	„niemand"	*nihil*	„nichts"
2	*nullius*	„niemandes"	*nullius rei*	(„keiner Sache")
3	*nemini*	„niemandem"	*nulli rei*	(„keiner Sache")
4	*neminem*	„niemanden"	*nihil*	„nichts"
6	*a nullo*	„von niemandem"	*nulla re*	„von nichts"

Pronominaladjektiva

Sie deklinieren wie Adjektiva der a-/o-Deklination (s. S. 9), bilden aber, wie die Pronomina, den **Genetiv** Sg. auf *-ius* und den **Dativ** Sg. auf *-i*:

unus/a/um	„ein (einziger)"
totus/a/um	„ganz"
solus/a/um	„allein"; „einzig"
nullus/a/um	„kein"
ullus/a/um	„irgendein"
alius/a/ud[1]	„ein anderer"
alter/era/erum	„der andere (von zweien)"
uter/tra/trum?	„wer von beiden?"
uterque/utraque/utrumque	„jeder von beiden (= beide)"
neuter/tra/trum	„keiner von beiden"

[1] Gen. Sg.: *alterius*; Dat.: *alteri* oder *alii*

Korrelativpronomina (Wechselbezügliche Fürwörter)

fragend (*Q*...)		antwortend (*T*...)	
qualis/e	„wie (beschaffen)", „welch"	*talis/e*	„so (beschaffen)", „solch"
quantus 3	„wie groß"	*tantus 3*	„so groß"
quantum	„wie sehr" / „wie viel"	*tantum*	„so sehr" / „so viel"
quot	„wie viele"	*tot*	„so viele"

II. KONJUGATIONEN

Es gibt fünf Konjugationsklassen. Zu welcher Klasse ein Verbum gehört, erkennt man aus der Kombination von 1. + 2. P. Sg. + Infinitiv Präsens:

-o, -as, -are	→ a-Konjugation (Abk.: *-o 1*): *amo* 1
-eo, -es, -ére	→ e-Konjugation (Abk.: *-eo 2*): *moneo* 2
-o, -is, -ere	→ konsonantische Konjugation (Abk.: *-o 3*): *mitto* 3
-io, -is, -ire	→ i-Konjugation (Abk.: *-io 4*): *audio* 4
-io, -is, -ere	→ Mischkonjugation (Abk.: *-io M*): *capio* M

Man unterscheidet zwischen bestimmten und unbestimmten Verbalformen: **Bestimmte Verbalformen** bezeichnen eine bestimmte Person und bilden das Prädikat im Satz. **Unbestimmte Verbalformen** (z. B. Partizipia und Infinitive) haben keine Personalendung (s. S. 21).

1. PRÄSENSSTAMM – AKTIV

	a-Konj.	e-Konj.	kons. Konj.	i-Konj.	Mischkonj.
Ind. Präs.	amo[1] amas amat amamus amatis amant	moneo mones monet monemus monetis monent	mitto mittis mittit mittimus mittitis mittunt	audio audis audit audimus auditis audiunt	capio capis capit capimus capitis capiunt
Konj. Präs.	amem ames amet amemus ametis ament	moneam moneas moneat moneamus moneatis moneant	mittam mittas mittat mittamus mittatis mittant	audiam audias audiat audiamus audiatis audiant	capiam capias capiat capiamus capiatis capiant
Futur	amabo amabis amabit amabimus amabitis amabunt	monebo monebis monebit monebimus monebitis monebunt	mittam mittes mittet mittemus mittetis mittent	audiam audies audiet audiemus audietis audient	capiam capies capiet capiemus capietis capient
Ind. Impf.	amabam amabas amabat amabamus amabatis amabant	monebam monebas monebat monebamus monebatis monebant	mittebam mittebas mittebat mittebamus mittebatis mittebant	audiebam audiebas audiebat audiebamus audiebatis audiebant	capiebam capiebas capiebat capiebamus capiebatis capiebant
Konj. Impf.	amarem amares amaret amaremus amaretis amarent	monerem moneres moneret moneremus moneretis monerent	mitterem mitteres mitteret mitteremus mitteretis mitterent	audirem audires audiret audiremus audiretis audirent	caperem caperes caperet caperemus caperetis caperent
Imp.	*ama!* *amáte!*	*mone!* *monéte!*	*mitte!*[1] *míttite!*	*audi!* *audíte!*	*cape!*[2] *cápite!*

[1] entstanden aus *ama-o*

[2] unregelmäßige Imperativbildung: *dic!* („sag!"), *duc!* („führ!"), *fac!* („mach!"), *fer!* („trag!")

2. PRÄSENSSTAMM – PASSIV

	a-Konj.	e-Konj.	kons. Konj.	i-Konj.	Mischkonj.
Ind. Präs.	amor[1] amaris amatur	moneor monéris monetur	mittor mítteris mittitur	audior audiris auditur	capior cáperis capitur
	amamur amamini amantur	monemur monemini monentur	mittimur mittimini mittuntur	audimur audimini audiuntur	capimur capimini capiuntur
Konj. Präs.	amer améris ametur	monear monearis moneatur	mittar mittaris mittatur	audiar audiaris audiatur	capiar capiaris capiatur
	amemur amemini amentur	moneamur moneamini moneantur	mittamur mittamini mittantur	audiamur audiamini audiantur	capiamur capiamini capiantur
Futur	amabor amaberis amabitur	monebor moneberis monebitur	mittar mittéris mittetur	audiar audieris audietur	capiar capieris capietur
	amabimur amabimini amabuntur	monebimur monebimini monebuntur	mittemur mittemini mittentur	audiemur audiemini audientur	capiemur capiemini capientur
Ind. Impf.	amabar amabaris amabatur	monebar monebaris monebatur	mittebar mittebaris mittebatur	audiebar audiebaris audiebatur	capiebar capiebaris capiebatur
	amabamur amabamini amabantur	monebamur monebamini monebantur	mittebamur mittebamini mittebantur	audiebamur audiebamini audiebantur	capiebamur capiebamini capiebantur
Konj. Impf.	amarer amareris amaretur	monerer monereris moneretur	mitterer mittereris mitteretur	audirer audireris audiretur	caperer capereris caperetur
	amaremur amaremini amarentur	moneremur moneremini monerentur	mitteremur mitteremini mitterentur	audiremur audiremini audirentur	caperemur caperemini caperentur

[1] entstanden aus *ama-or*

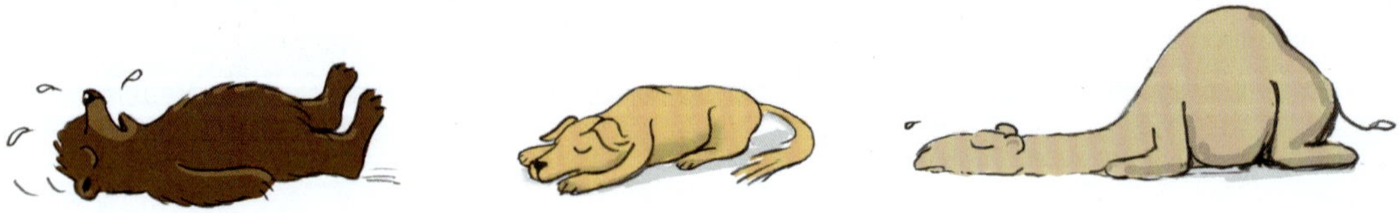

Besser passiv …

3. PERFEKTSTAMM – AKTIV

	a-Konj.	e-Konj.	kons. Konj.	i-Konj.	Mischkonj.
Ind. Perf.	amavi amavisti amavit	monui monuisti monuit	misi misisti misit	audivi audivisti audivit	cepi cepisti cepit
	amavimus amavistis amavérunt	monuimus monuistis monuérunt	misimus misistis misérunt	audivimus audivistis audivérunt	cepimus cepistis cepérunt
Konj. Perf.	amaverim amaveris amaverit	monuerim monueris monuerit	miserim miseris miserit	audiverim audiveris audiverit	ceperim ceperis ceperit
	amaverimus amaveritis amaverint	monuerimus monueritis monuerint	miserimus miseritis miserint	audiverimus audiveritis audiverint	ceperimus ceperitis ceperint
Ind. Plqpf.	amaveram amaveras amaverat	monueram monueras monuerat	miseram miseras miserat	audiveram audiveras audiverat	ceperam ceperas ceperat
	amaveramus amaveratis amaverant	monueramus monueratis monuerant	miseramus miseratis miserant	audiveramus audiveratis audiverant	ceperamus ceperatis ceperant
Konj. Plqpf.	amavissem amavisses amavisset	monuissem monuisses monuisset	misissem misisses misisset	audivissem audivisses audivisset	cepissem cepisses cepisset
	amavissemus amavissetis amavissent	monuissemus monuissetis monuissent	misissemus misissetis misissent	audivissemus audivissetis audivissent	cepissemus cepissetis cepissent
Futur exakt*	amavero amaveris amaverit	monuero monueris monuerit	misero miseris miserit	audivero audiveris audiverit	cepero ceperis ceperit
	amaverimus amaveritis amaverint	monuerimus monueritis monuerint	miserimus miseritis miserint	audiverimus audiveritis audiverint	ceperimus ceperitis ceperint

… oder doch lieber aktiv?

4. PERFEKTSTAMM – PASSIV

	a-Konj.	e-Konj.	kons. K.	i-Konj.	Mischk.	
Ind. Perf.	*amatus 3*[1]	*monitus 3*	*missus 3*	*auditus 3*	*captus 3*	*sum* *es* *est*
	amati 3[2]	*moniti 3*	*missi 3*	*auditi 3*	*capti 3*	*sumus* *estis* *sunt*
Konj. Perf.	*amatus 3*	*monitus 3*	*missus 3*	*auditus 3*	*captus 3*	*sim* *sis* *sit*
	amati 3	*moniti 3*	*missi 3*	*auditi 3*	*capti 3*	*simus* *sitis* *sint*
Ind. Plqpf.	*amatus 3*	*monitus 3*	*missus 3*	*auditus 3*	*captus 3*	*eram* *eras* *erat*
	amati 3	*moniti 3*	*missi 3*	*auditi 3*	*capti 3*	*eramus* *eratis* *erant*
Konj. Plqpf.	*amatus 3*	*monitus 3*	*missus 3*	*auditus 3*	*captus 3*	*essem* *esses* *esset*
	amati 3	*moniti 3*	*missi 3*	*auditi 3*	*capti 3*	*essemus* *essetis* *essent*
Futur exakt*	*amatus 3*	*monitus 3*	*missus 3*	*auditus 3*	*captus 3*	*ero* *eris* *erit*
	amati 3	*moniti 3*	*missi 3*	*auditi 3*	*capti 3*	*erimus* *eritis* *erunt*

[1] *-us 3* steht für *amatus/a/um* (m./f./n.)

[2] *-i 3* steht für *amati/ae/a* (m./f./n.)

5. INFINITIVE

	a-Konj.	e-Konj.	kons. Konj.	i-Konj.	Mischkonj.
Präs. aktiv	*amare*	*monére*	*míttere*	*audire*	*cápere*
Präs. passiv	*amari*	*monéri*	*mitti*	*audiri*	*capi*
Perf. aktiv	*amavisse*	*monuisse*	*misisse*	*audivisse*	*cepisse*
Perf. passiv	*amatum esse*	*monitum esse*	*missum esse*	*auditum esse*	*captum esse*
Futur aktiv	*amaturum esse*	*moniturum esse*	*missurum esse*	*auditurum esse*	*capturum esse*

Übersetzung:	Beispiel: a-Konjugation	
Präs. aktiv	*amare*	„(zu) lieben"
Präs. pass.	*amari*	„geliebt (zu) werden"
Perf. aktiv[1]	*amavisse*	„geliebt (zu) haben"
Perf. pass.[1]	*amatum esse*	„geliebt worden (zu) sein"
Futur aktiv[1]	*amaturum esse*	„lieben (zu) werden"

[1] Perfekt- und Futurinfinitive kommen meistens im AcI/NcI vor und werden dort als Prädikat des Gliedsatzes übersetzt (s. S. 36).

6. PARTIZIPIA

	Part. Präsens Aktiv (PPA; gleichzeitig)	Part. Perfekt Passiv (PPP; vorzeitig)	Part. Futur Aktiv (PFA; nachzeitig)
a-Konj.	*amans, -ntis*[2] „liebend"	*amatus 3* „geliebt"	*amaturus 3* („lieben werdend")[3]
e-Konj.	*monens, -ntis*	*monitus 3*	*moniturus 3*
kons. Konj.	*mittens, -ntis*	*missus 3*	*missurus 3*
i-Konj.	*audiens, -ntis*	*auditus 3*	*auditurus 3*
Mischkonj.	*capiens, -ntis*	*captus 3*	*capturus 3*

[2] Das Partizip Präsens dekliniert wie die Mischstämme der 3. Deklination (s. S. 7): Abl. Sg. *-e*, Nom. und Akk. Pl. n. *-ia*, Gen. Pl. *-ium*.

[3] Das Futurpartizip wird in Kombination mit *esse* vor allem für die Bildung des Futurinfinitivs verwendet (s. oben).

7. GERUNDIV / GERUNDIUM

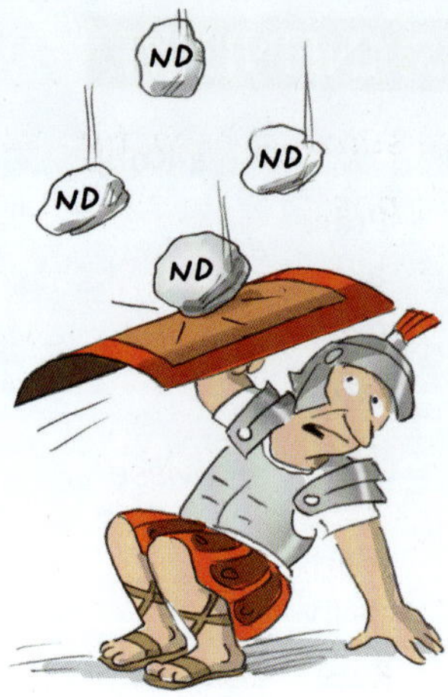

	Gerundiv	Gerundium
a-Konj.	*amandus 3*	*amandi, …*
e-Konj.	*monendus 3*	*monendi, …*
kons. Konj.	*mittendus 3*	*mittendi, …*
i-Konj.	*audiendus 3*	*audiendi, …*
Mischkonj.	*capiendus 3*	*capiendi, …*

(komplette Abwandlung und Übersetzung: s. S. 40 f.)

8. DEPONENTIA

Deponentia sind Verba mit **passiver Form**, aber **aktiver Bedeutung**, z.B.: *loquor, loqueris, loqui, locutus sum* = „sprechen"

Die Konjugationsformen entsprechen den passiven Formen der jeweiligen Konjugation (s. S. 18 ff.), z.B. *loquuntur* (pass.) = „sie sprechen" (aktiv!).

Die einzigen extra zu lernenden Formen sind die **Imperative**:*

Imp. Sg.	*loquere!*	„sprich!" (sieht aus wie ein aktiver Infinitiv!)
Imp. Pl.	*loquimini!*	„sprecht!" (formengleich mit der 2. P. Pl. Präsens)

Bei den **unbestimmten Verbalformen** werden zum Teil auch die aktiven Formen verwendet:

Infinitiv Präsens	*loqui*	„(zu) sprechen"
Infinitiv Perfekt	*locutum esse*	„gesprochen (zu) haben"
Infinitiv Futur	*locuturum esse*	„sprechen (zu) werden"
Partizip Präsens	*loquens,-ntis*	„einer, der spricht"
Partizip Perfekt	*locutus 3*	„einer, der gesprochen hat"[1]
Partizip Futur	*locuturus 3*	„einer, der sprechen wird"
Gerundium	*loquendi* (etc.)	„des Sprechens" (etc.)
Gerundiv	*loquendus 3*	(s. S. 40 f.)

[1] Das Partizip Perfekt der Deponentia ist **aktiv**!

Semideponentia (Halbdeponentia)

haben im Präsensstamm aktive, aber im Perfektstamm passive Formen. Die häufigsten dieser „Zwitter" sind:

- *audeo,-es,-ere,* ***ausus sum*** „wagen"
- *gaudeo,-es,-ere,* ***gavisus sum*** „sich freuen"
- *soleo,-es,-ere,* ***solitus sum*** „gewohnt sein"
- *(con)fido,-is,-ere,* ***(con)fisus sum*** „vertrauen"

9. *ESSE* („sein“) und *POSSE* („können“)

a) ***sum, es, esse, fui:*** „sein“
b) ***possum, potes, posse, potui:*** „können“

	esse	posse
Ind. Präs.	*sum* *es* *est* *sumus* *estis* *sunt*	*possum* *potes* *potest* *possumus* *potestis* *possunt*
Konj. Präs.	*sim* *sis* ⋮ *sint*	*possim* *possis* ⋮ *possint*
Futur	*ero* *eris* ⋮ *erunt*	*potero* *poteris* ⋮ *poterunt*
Ind. Impf.	*eram* *eras* ⋮ *erant*	*poteram* *poteras* ⋮ *poterant*
Konj. Impf.	*essem* *esses* ⋮ *essent*	*possem* *posses* ⋮ *possent*

	esse	posse
Ind. Perf.	*fui* *fuisti* *fuit* *fuimus* *fuistis* *fuerunt*	*potui* *potuisti* *potuit* *potuimus* *potuistis* *potuerunt*
Konj. Perf.	*fuerim* *fueris* ⋮ *fuerint*	*potuerim* *potueris* ⋮ *potuerint*
Futur exakt	*fuero* *fueris* ⋮ *fuerint*	*potuero* *potueris* ⋮ *potuerint*
Ind. Plqpf.	*fueram* *fueras* ⋮ *fuerant*	*potueram* *potueras* ⋮ *potuerant*
Konj. Plqpf.	*fuissem* *fuisses* ⋮ *fuissent*	*potuissem* *potuisses* ⋮ *potuissent*

Imperativ	*es!/este!*	„sei!/seid!“	–	–
Infinitiv Präsens aktiv	*esse*	„(zu) sein“	*posse*	„(zu) können“
Infinitiv Perfekt aktiv	*fuisse*	„gewesen (zu) sein“	*potuisse*	„gekonnt (zu) haben“
Infinitiv Futur aktiv	*futurum esse* (= *fore*)	„sein werden“ (im AcI, vgl. S. 36)	–	–
Partizip Futur aktiv	*futurus 3*	(„zukünftig“)	–	–

10. *IRE* („gehen")

Aktiv:

Präsens Ind.	Präsens Konj.	Futur	Imperfekt Ind.	Imperfekt Konj.
eo	*eam*	*ibo*	*ibam*	*irem*
is	*eas*	*ibis*	*ibas*	*ires*
it	*eat*	*ibit*	*ibat*	*iret*
imus	*eamus*	*ibimus*	*ibamus*	*iremus*
itis	*eatis*	*ibitis*	*ibatis*	*iretis*
eunt	*eant*	*ibunt*	*ibant*	*irent*

Perfekt Ind.	Perfekt Konj.	Futur ex.	Plusquamperfekt Ind.	Plusquamperfekt Konj.
ii	*ierim*	*iero*	*ieram*	*issem*
isti	*ieris*	*ieris*	*ieras*	*isses*
iit	*ierit*	*ierit*	*ierat*	*isset*
iimus	*ierimus*	*ierimus*	*ieramus*	*issemus*
istis	*ieritis*	*ieritis*	*ieratis*	*issetis*
ierunt	*ierint*	*ierint*	*ierant*	*issent*

Passiv:

Es gibt nur ein unpersönliches Passiv für die 3. P. Sg.: *itur* („es wird gegangen" →) „man geht", *itum est* („es ist gegangen worden" →) „man ist gegangen"

Imperativ	*i!/ite!*	„geh!"/„geht!"
Infinitiv Präsens aktiv	*ire*	„(zu) gehen"
Infinitiv Präsens passiv	*iri*	–
Infinitiv Perfekt aktiv	*isse*	„gegangen (zu) sein"
Infinitiv Perfekt passiv	*itum esse*	–
Infinitiv Futur aktiv	*iturum esse*	„gehen (zu) werden"
Partizip Präsens Aktiv	*iens, euntis*	„gehend"
Partizip Perfekt Passiv	*itus 3*	„gegangen"
Partizip Futur Aktiv	*iturus 3*	–
Gerundiv	*eundus 3*	–
Gerundium	*eundi* (etc.)	„des Gehens"

11. *FERRE* („tragen“, „bringen“)

Aktiv:

Präsens Ind.	Präsens Konj.	Futur	Imperfekt Ind.	Imperfekt Konj.
fero	*feram*	*feram*	*ferebam*	*ferrem*
fers	*feras*	*feres*	*ferebas*	*ferres*
fert	*ferat*	*feret*	*ferebat*	*ferret*
ferimus	*feramus*	*feremus*	*ferebamus*	*ferremus*
fertis	*feratis*	*feretis*	*ferebatis*	*ferretis*
ferunt	*ferant*	*ferent*	*ferebant*	*ferrent*

Passiv:

Präsens Ind.	Präsens Konj.	Futur	Imperfekt Ind.	Imperfekt Konj.
feror	*ferar*	*ferar*	*ferebar*	*ferrer*
ferris	*feraris*	*fereris*	*ferebaris*	*ferreris*
fertur	*feratur*	*feretur*	*ferebatur*	*ferretur*
ferimur	*feramur*	*feremur*	*ferebamur*	*ferremur*
ferimini	*feramini*	*feremini*	*ferebamini*	*ferremini*
feruntur	*ferantur*	*ferentur*	*ferebantur*	*ferrentur*

Die Formen des **Perfektstammes** werden vom Stamm ***tul-*** bzw. dem PPP ***latus 3*** regelmäßig gebildet:

- Aktiv: *tuli, tulisti …*
- Passiv: *latus/a sum, latus/a es …*

Imperativ	*fer!/ferte!*	„trag!“/„tragt!“
Infinitiv Präsens aktiv	*ferre*	„(zu) tragen“
Infinitiv Präsens passiv	*ferri*	„getragen (zu) werden“
Infinitiv Perfekt aktiv	*tulisse*	„getragen (zu) haben“
Infinitiv Perfekt passiv	*latum esse*	„getragen worden (zu) sein“
Infinitiv Futur aktiv	*laturum esse*	„tragen (zu) werden“
Partizip Präsens Aktiv	*ferens,-entis*	„tragend“
Partizip Perfekt Passiv	*latus 3*	„getragen“
Partizip Futur Aktiv	*laturus 3*	–
Gerundiv	*ferendus 3*	–
Gerundium	*ferendi* (etc.)	„des Tragens“

12. *VELLE* („wollen"), *NOLLE* („nicht wollen"), *MALLE* * („lieber wollen")

Ind. Präs.	*volo*	*nolo*	*malo*
	vis	***non vis***	***mavis***
	vult	***non vult***	***mavult***
	volumus	*nolumus*	*malumus*
	vultis	***non vultis***	***mavultis***
	volunt	*nolunt*	*malunt*
Inf. Präs.	***velle***	***nolle***	***malle***
Imperativ	–	***noli!/nolite!***[1]	–

[1] Mit *noli(te)* + Infinitiv wird ein Verbot an die 2. Person ausgedrückt, z.B. *Noli me tangere!* („Wolle mich nicht berühren!") = „Berühr mich nicht!"

Konj. Präs.	***velim***	***nolim***	***malim***
	velis	***nolis***	***malis***
	⋮	⋮	⋮
	velint	***nolint***	***malint***
Futur	*volam*	*nolam*	*malam*
	voles	*noles*	*males*
	⋮	⋮	⋮
	volent	*nolent*	*malent*

Ind. Impf.	*volebam*	*nolebam*	*malebam*
	volebas	*nolebas*	*malebas*
	⋮	⋮	⋮
	volebant	*nolebant*	*malebant*
Konj. Impf.	*vellem*	*nollem*	*mallem*
	velles	*nolles*	*malles*
	⋮	⋮	⋮
	vellent	*nollent*	*mallent*

Die Formen des **Perfektstamms** werden vom Stamm ***volu-, nolu-, malu-*** regelmäßig gebildet:
volui/nolui (Perf.), *voluerat/noluerat* (Plqpf.) etc.

13. *FIERI* („gemacht werden", „geschehen")

Präsens Ind.	Präsens Konj.	Futur	Imperfekt Ind.	Imperfekt Konj.
fio	*fiam*	*fiam*	*fiebam*	*fierem*
fis	*fias*	*fies*	*fiebas*	*fieres*
⋮	⋮	⋮	⋮	⋮
fiunt	*fiant*	*fient*	*fiebant*	*fierent*
Infinitiv Präsens: ***fieri*** = „gemacht (zu) werden"				

Die Formen des **Perfektstammes** sind durchwegs passiv und setzen sich aus ***factus 3*** und den Formen von ***esse*** zusammen:
Perfekt: *factum est* = „es ist geschehen", Plqpf.: *factum erat* = „es war geschehen" (etc.)

I. DAS NOMEN IM SATZ (KASUSLEHRE)

1. NOMINATIV (Frage: „WER/WAS **macht das?**")

Im Nominativ steht

a) das **Subjekt**:

Iulia ridet. = „Julia lacht."

b) das **Prädikatsnomen** (= Nomen oder Adjektiv, das mit einer Form von *esse* das Prädikat bildet):

Iulia semper laeta est. = „Julia ist immer fröhlich." (Adjektiv)

Sicilia est insula. = „Sizilien ist eine Insel." (Nomen)

(Doppelter Nominativ: s. S. 30)

2. GENETIV (Frage: „WESSEN **Besitz ist das?**")

Der Genetiv ist meistens **Attribut** eines übergeordneten (meist direkt daneben stehenden) Nomens.

▶ Im Lateinischen steht der Genetiv sehr häufig **vor** dem übergeordneten Nomen (vgl. im Dt. „des Kaisers neue Kleider"):

„der Freund des Vaters" =
- *amicus patris*
- *patris amicus*

a) Genetivus possessivus (Genetiv des Besitzers)

gibt den **Besitzer** an:

vicus Gallorum = „das Dorf der Gallier"

bei einer Form von ***esse***: **„gehören"**:

Ille vicus Gallorum est.
= („Jenes ist das Dorf der Gallier." →) „Jenes Dorf gehört den Galliern."

b) Genetivus partitivus (Teilungsgenetiv)

steht nach **Pronomina** und **Mengenangaben**; Übersetzung: meist „von"

fortissimus Romanorum	„der Tapferste der Römer/von den Römern"
multi nostrum	„viele von uns"
quis vestrum	„wer von euch?"
nihil boni	(„nichts des Guten" =) „nichts Gutes"
Quid novi?	(„Was des Neuen" =) „Was gibt es Neues?"

c) Genetivus subiectivus

bezeichnet das **Subjekt** (den Ausführenden) einer Handlung und wird als Genetiv übersetzt:

amor matris = „die Liebe **der** Mutter"
(→ Die Mutter liebt, sie ist Subjekt.)

timor Romanorum = „die Furcht **der** Römer"
(→ Die Römer fürchten sich, sie sind Subjekt.)

d) Genetivus obiectivus

bezeichnet das **Objekt** (Ziel) einer Handlung; der Genetiv wird mit einer **passenden Präposition** übersetzt:

amor matris = „die Liebe **zur** Mutter"
(→ Jemand liebt die Mutter, sie ist Objekt.)

timor Romanorum = „die Furcht **vor den** Römern"
(→ Man fürchtet die Römer, sie sind Objekt.)

▶ Ob es sich um einen Genetivus obiectivus oder subiectivus handelt, ist nur aus dem Kontext zu erkennen! Der Genetivus subiectivus (also die „normale" Übersetzung) kommt jedenfalls wesentlich häufiger vor!

e) Genetivus qualitatis (Genetiv der Eigenschaft)

gibt eine **Eigenschaft** an; Übersetzung: „von"/**frei**

puer decem annorum	(„ein Bub von 10 Jahren" →) „ein 10-jähriger Bub"
puella magni ingenii	(„ein Mädchen von großer Begabung" →) „ein sehr begabtes Mädchen"
verba eius modi	(„Worte von dieser Art" →) „derartige Worte"

▶ Auch der Ablativus qualitatis gibt eine Eigenschaft an (s. S. 32).

f) Genetiv nach bestimmten Adjektiva*

cupidus gloriae	„gierig nach Ruhm"
peritus rei militaris	„erfahren im Militärwesen"
tui memor sum	(„ich bin deiner eingedenk" →) „ich denke an dich"

g) Genetiv nach bestimmten Verba*

- bei Verba des Erinnerns und Vergessens:
  memini amici „ich erinnere mich an den Freund"
- bei Verba der gerichtlichen Anklage:
  capitis damnare „zum Tod verurteilen"

3. DATIV

a) als Objekt (Frage: „WEM vertraue ich?")

Tibi confidere non possum. = „Ich kann dir nicht vertrauen."

Puella puero placet. = „Das Mädchen gefällt dem Burschen."

▶ Folgende Verba haben im Lateinischen ein Dativobjekt, im Deutschen aber ein Akkusativobjekt*:

persuadeo tibi	„ich überzeuge dich"
invideo tibi	„ich beneide dich"
parco tibi	„ich verschone dich"
studeo gloriae	„ich strebe nach Ruhm"

Das Passiv dieser Wörter ist daher „unpersönlich" (d.h. es existiert nur in der 3. P. Sg.), im Deutschen aber persönlich (Passivformen in allen Personen):

mihi persuadetur „ich werde überzeugt"

b) Dativus possessivus (Dativ des Besitzers)

gibt den **Besitzer** an, immer in Verbindung mit *est/sunt*; Übersetzung: nicht wörtlich (als Dativ), sondern Umformung zu einem „**haben**"-Satz!

Mihi amicus est. = („Mir ist ein Freund." →) „Ich habe einen Freund."

Mihi multi amici sunt. = („Mir sind viele Freunde." →) „Ich habe viele Freunde."

c) Dativus commodi (Dativ des Interesses)

gibt an, wofür/für wen etwas geschieht; Übersetzung: „**für**"

Non scholae, sed vitae discimus.
= „Nicht für die Schule, sondern fürs Leben lernen wir."

d) Dativus finalis (Zweckdativ)*

steht meist bei einer Form von *esse*; Übersetzung: „**(dienen) zum/zur**" bzw. **frei**

Hoc mihi gaudio est.	(„Das ist/dient mir zur Freude" →) „Das freut mich."
Hoc mihi dolori est.	(„Das ist/dient mir zum Schmerz" →) „Das schmerzt mich."
Cui bono (est)?	(„Wem ist es zum Vorteil?" →) „Wem nützt es?"

e) Dativus auctoris (Dativ des Urhebers)

gibt beim prädikativen Gerundiv (s. S. 41) die Person an, von der etwas getan werden muss – **im Deutschen wird der Dativ zum Nominativ!**

Mihi liber legendus est.
= („Mir ist das Buch zu lesen." →) „Ich muss das Buch lesen."

4. AKKUSATIV (Frage: „WEN/WAS sehe ich?")

a) als Objekt

Libenter puellas pulchras video = „Gerne sehe ich hübsche Mädchen."

Marcus Iuliam amat. = „Markus liebt Julia."

▶ Folgende Verba haben im Lateinischen ein Akkusativobjekt, im Deutschen aber ein Dativobjekt:

sequor te „ich folge dir"

veto te „ich verbiete dir"

iubeo te „ich befehle dir" (= „ich lasse dich ...")

(ad)iuvo te „ich helfe dir" (= „ich unterstütze dich")

Das lateinische Passiv ist bei diesen Wörtern daher persönlich (d.h. es existiert für alle Personen), im Deutschen aber unpersönlich (nur 3. P. Sg.):

iuvor „mir wird geholfen" (= „ich werde unterstützt")

▶ Verba, die sich mit dem Akkusativ verbinden, sind **transitive** Verben, alle anderen nennt man **intransitiv**.

b) der doppelte Akkusativ steht bei Verba mit der Bedeutung:

- „**nennen**" *(dicere, appellare, vocare ...)*

  Te amicum dico. = „Ich nenne dich einen Freund."
- „**halten für**" *(putare, existimare, habere, ducere ...)*

  Amicum Iuliae beatum puto. = „Ich halte Julias Freund für glücklich."
- „**machen zu**" *(facere, reddere ...)*

  Romulum regem fecerunt. = „Sie machten Romulus zum König."

Im Passiv wird aus dem doppelten Akkusativ ein **doppelter Nominativ**:*

Amicus Iuliae beatus putatur. = „Julias Freund wird für glücklich gehalten."

c) Akkusativ der Zeit- und Raumstrecke

steht auf die Frage „wie lange?" bzw. „wie hoch?", „wie tief?"

Multas horas dormiebam. = „Ich schlief viele Stunden lang."

Arbor decem pedes alta est. = „Der Baum ist zehn Fuß hoch."

▶ Der **Akkusativ** kann grafisch durch eine **Linie** (Richtung/Zeitstrecke), der **Ablativ** (s. S. 31 f.) durch einen **Punkt** (Ort/Zeitpunkt) dargestellt werden.

5. VOKATIV (keine Frage!)

ist der **Fall der direkten Anrede** (erkennbar am Frage- oder Rufzeichen):

Quid ibi facis, Quinte? = „Was machst du dort, Quintus?"

6. ABLATIV (Fragen: „WOMIT?" / „WODURCH?" / „WOVON?"...)

a) Ablativus instrumenti (+ Abl. modi / Abl. causae)

Diese drei Formen des Ablativs haben eine ähnliche Bedeutung.
Übersetzung: **„mit", „durch"**; oft ist auch eine freiere Übersetzung möglich.

- **Ablativus instrumenti (Mittelsablativ)** – Frage: „womit?", „wodurch?"

  oculis videre „mit den (durch die) Augen sehen"
  gladio pugnare „mit dem Schwert kämpfen"

  ▶ PERSONEN stehen im Gegensatz zu Sachbegriffen im Ablativ meist mit einer Präposition: „mit dem Freund" = ***cum** amico*

- **Ablativus modi (Ablativ der Art und Weise)*** – Frage: „wie?"

  more Romanorum „nach der Sitte der Römer"
  eo modo agere „auf diese Weise handeln"

- **Ablativus causae (Ablativ des Grundes)** – Frage: „weshalb?"

  dono gaudere „sich (durch =) über ein Geschenk freuen"
  iussu Neronis agere „(durch =) auf Befehl Neros handeln"

b) Ablativus separationis (Ablativ der Trennung) – Frage: „wovon?"

steht bei Ausdrücken wie *liberare* („befreien"), *carere* („frei sein von") oder *prohibere* („fernhalten"); Übersetzung: „von"

imperio liberare „von der Herrschaft befreien"
finibus prohibere „vom Gebiet fern halten"

c) Ablativus loci (Ortsablativ)* – Frage: „wo?"

Er steht meistens mit der Präposition ***in*** auf die Frage **„wo?"**:

in Italiā „in Italien"

▶ Bei **Städtenamen** (Ausnahmen: S. 33) sowie ***totus*** und ***locus*** fehlt die Präposition *in*:

Carthagine (statt: *in Carthagine*) „in Karthago"
totā Italiā (statt: *in tota Italia*) „in ganz Italien"

d) Ablativus temporis (Zeitablativ) – Frage: „wann?"
steht bei Zeitbegriffen:

meridie	„zu Mittag"
hoc anno	„in diesem Jahr"
temporibus Augusti	„zu den Zeiten des Augustus"
Idibus Martiis	„an den Iden des März"

e) Ablativus qualitatis (Eigenschaftsablativ)
entspricht dem Genetivus qualitatis (s. S. 28); Übersetzung: „von"/**frei**

vir summo honore	(„ein Mann von höchstem Ansehen" →) „ein sehr angesehener Mann"

f) Ablativus comparationis (Vergleichsablativ)
steht gelegentlich bei **Komparativen** statt *quam*; Übersetzung: „als"
Marcus fratre maior est. = „Markus ist größer als sein Bruder."

g) Ablativus mensurae (Ablativ des Maßes)*
gibt bei Komparativen den **Unterschied** an (Frage: „um wie viel?"):

paulo post	„(um) ein wenig später"
multo maior	„um vieles größer", „viel größer"
eo facilius	„umso leichter"

h) folgende Deponentia verlangen ein **Objekt im Ablativ:***

utor	„benützen" (*libro utor* = „ich benütze das Buch")
fruor	„genießen" (*vitā fruor* = „ich genieße das Leben")
fungor	„erfüllen" (*officio fungor* = „ich erfülle die Pflicht")

i) auch einige Adjektiva verbinden sich mit dem **Ablativ,*** z.B.:

dignus (re)	„würdig (einer Sache)"
contentus (re)	„zufrieden (mit einer Sache)"

j) Folgende **Präpositionen** verbinden sich mit dem **Ablativ:** (s. S. 48)

- *ab, ex, de, cum, sine, pro, prae* → ohne Frage!
- *in, sub* → auf die Frage „wo?"

7. STÄDTENAMEN

Namen von **Städten** stehen – im Gegensatz zu sonstigen Ortsbestimmungen – **ohne Präpositionen**.

Es steht auf die Frage:

- **„wohin?“** → der **Akkusativ** (statt *in* + Akk.)
- **„woher?“** → der **Ablativ** (statt *ex/ab* + Abl.)
- **„wo?“** → a) bei Städtenamen auf -***us/a/um*** der so genannte **Lokativ** („Ortsfall“ – sieht aus wie der Genetiv Sg.)
  b) bei Städtenamen der übrigen Deklinationen sowie bei allen Pluralwörtern der **Ablativ**

Beispiele:	**„WOHIN?“ → Akkusativ**	**„WOHER?“ → Ablativ**	**„WO?“ → Lokativ/Ablativ**
Roma,-ae	*Romam* („nach Rom“)	*Romā* („aus Rom“)	*Romae* („in Rom“)
Carnuntum,-i	*Carnuntum* („nach Carnuntum“)	*Carnunto* („aus Carnuntum“)	*Carnunti* („in Carnuntum“)
Carthago,-inis (3. Dekl.!)	*Carthaginem* („nach Karthago“)	*Carthagine* („aus Karthago“)	*Carthagine* („in Karthago“)
Athenae,-arum (Pluralwort!)	*Athenas* („nach Athen“)	*Athenis* („aus Athen“)	*Athenis* („in Athen“)

▶ Wie die Städtenamen verhalten sich auch die Wörter ***domus*** und ***rus***:

domus,-us	*domum* („nach Hause“)	*domo* („von zu Hause“)	*domi* („zu Hause“)
rus, ruris*	*rus* („aufs Land“)	*rure* („vom Land“)	*ruri* („am Land“)

▶ **Ländernamen** und alle anderen Ortsangaben stehen immer **mit Präpositionen**:

- **„wohin?“**: *in Italiam* („nach Italien“), *in urbem* („in die Stadt“) etc.
- **„woher?“**: *ex Italiā* („aus Italien“), *ex urbe* („aus der Stadt“) etc.
- **„wo?“**: *in Italiā* („in Italien“), *in urbe* („in die Stadt“) etc.

II. DAS VERBUM IM SATZ

1. DIE VERWENDUNG DER ZEITEN (Tempora)

a) Das Präsens

stellt Ereignisse der **Gegenwart** oder Allgemeingültiges dar:

Hodie domi maneo. = „Heute bleibe ich zu Hause."
Nomen est omen. = „Der Name ist Vorzeichen."

▶ Das **Historische Präsens** wird statt des Perfekts verwendet, um vergangene Vorgänge lebendiger darzustellen (Stilmittel!). Übersetzung: als Präsens (aber auch als Präteritum):

Dormiebam; subito magister clamat.
= „Ich schlief; plötzlich schreit (schrie) der Lehrer."

b) Das Perfekt

stellt **einmalige**, in der Vergangenheit **abgeschlossene Vorgänge** dar. Es wird im Deutschen meist mit dem **Präteritum** wiedergegeben:

Veni, vidi, vici. = „Ich kam, sah und siegte."

▶ Einige lateinische Verba haben Perfektformen, aber Präsensbedeutung (**präsentisches Perfekt**):[1] *

novi = „ich kenne", „ich weiß"
memini = „ich erinnere mich"
odi = „ich hasse"

[1] Dementsprechend wird bei solchen Verben das Plusquamperfekt mit dem Präteritum übersetzt, z. B. *noverat* = „er/sie wusste".

c) Das Imperfekt

stellt **lang andauernde** oder **wiederholte** Handlungen dar:

Dormiebam; subito magister clamavit.
= „Ich schlief; plötzlich schrie der Lehrer."

▶ Das Imperfekt kann durch eine **Linie** (→ längere Dauer, Wiederholung), das Perfekt durch einen **Punkt** (→ einmaliges Ereignis) dargestellt werden.

d) Das Plusquamperfekt

drückt die **Vorzeitigkeit** zu einer anderen, bereits **vergangenen Handlung** aus:

Theseus, qui Ariadnam reliquerat, domum rediit.
= „Theseus, der Ariadne verlassen hatte, kehrte nach Hause zurück."

e) Das Futur

beschreibt **zukünftige Handlungen** bzw. **Ereignisse**:

Cras te visitabo. = „Morgen werde ich dich besuchen."

▶ Gliedsätze, die gleichzeitig zu einem Hauptsatz im Futur sind, müssen im Lateinischen ebenfalls im Futur stehen (sogenanntes „**Parallelfutur**"). Im Deutschen wird dagegen meist das **Präsens** verwendet:

Gaudebo, si me visitabis.
= „Ich werde mich freuen, wenn du mich besuchst." (statt: „besuchen wirst")

f) Das Futur exakt (Futur II)*

steht in **Gliedsätzen**, die vorzeitig zu einem Futur im Hauptsatz sind. Im Deutschen wird es durch das **Präsens** oder **Perfekt** wiedergegeben:

Respondebo, si me interrogaveris.
= „Ich werde antworten, wenn du mich fragst/gefragt hast." (statt: „gefragt haben wirst")

g) Das umschreibende Futur*

drückt **unmittelbar bevorstehende** oder **beabsichtigte** Vorgänge aus. Gebildet wird diese (seltene) Form durch das Futurpartizip und die Formen von *sum* bzw. *eram*:

scripturus erat = „er war im Begriff zu schreiben"; „er wollte schreiben"

▶ Der Konjunktiv des umschreibenden Futurs (*-urus 3 sim/essem*) ersetzt in Gliedsätzen den fehlenden Futurkonjunktiv (siehe Consecutio temporum, S. 43).

ZUSAMMENFASSUNG DER ZEITEN (Zeitleiste)

Plqpf.	Perfekt/ Imperf.*	Präsens	Futur Ex.	Futur

* Perfekt und Imperfekt sind gleich weit vom Präsens entfernt, drücken aber Unterschiedliches aus (siehe oben):

- Perfekt → einmalige Handlung, abgeschlossen (Punkt: •)
- Imperfekt → länger andauernde oder wiederholte Handlung (Linie: —)

2. DER ACI (Accusativus cum infinitivo)

steht a) nach Verben der **Wahrnehmung** („sehen", „hören" ...), der **Mitteilung** („sagen", „erzählen" ...) oder des **Glaubens** und **Wissens**;

b) nach **unpersönlichen Ausdrücken** wie *necesse est* („es ist notwendig") oder *constat* („es steht fest").

Übersetzt wird der AcI durch einen **„dass"-Satz**, in dem der **Akkusativ** zum **Subjekt** und der **Infinitiv** zum **Prädikat** wird:

Puto patrem venire. = „Ich glaube, dass der Vater kommt."

Necesse est te venire. = „Es ist notwendig, dass du kommst."

▶ Der Akkusativ des AcI, der im deutschen „dass"-Satz zum Subjekt wird, heißt **Subjektsakkusativ** (hier: *patrem* bzw. *te*).

Der **Infinitiv** drückt keine bestimmte Zeit, sondern ein **Zeitverhältnis** zum übergeordneten Prädikat aus (s. Consecutio temporum, S. 43). Dementsprechend muss seine Übersetzung an das übergeordnete Verb angepasst werden:

	„Ich weiß/ich wusste, dass der Vater ..."	
Inf. Präs. → gleichzeitig	*Scio patrem venire.* *Scivi patrem venire.*	„... kommt." „... kam."
Inf. Perf. → vorzeitig	*Scio patrem venisse.* *Scivi patrem venisse.*	„... gekommen ist." „... gekommen war."
Inf. Futur → nachzeitig	*Scio patrem venturum esse.* *Scivi patrem venturum esse.*	„... kommen wird." „... kommen werde."

▶ Die **Reflexivpronomina** *sui, sibi, se, a se/secum* sowie *suus 3* (s. S. 12) beziehen sich im AcI meist auf das **Subjekt des übergeordneten Satzes** (indirektes Reflexiv):

Iulius *dicit* ***se*** *Claudiam amare.*
= „Julius sagt, dass **er** Claudia liebt."

Claudia *dicit* ***se*** *Quintum amare.*
= „Claudia sagt, dass **sie** Quintus liebt."

Omnes pueri *dicunt* ***se*** *Claudiam amare.*
= „Alle Burschen sagen, dass **sie** Claudia lieben."

Iulius *scit* ***suam*** *amicam prudentem esse.*
= „Julius weiß, dass **seine** Freundin klug ist."

3. DER NCI (Nominativus cum infinitivo)

Der NcI besteht aus einem Nominativ und einem Infinitiv und steht nach bestimmten passiven Verben:

- *dicitur/dicuntur* + NcI
- *traditur/traduntur* + NcI
- *fertur/feruntur* + NcI

} = „er (sie,es) soll/sie sollen (angeblich)"

- *videor* (in allen Personen) + NcI = „ich scheine/du scheinst ..."

Nero Romam incendisse dicitur.
= „Nero soll (angeblich) Rom angezündet haben."
(wörtlich: „Nero wird gesagt Rom angezündet zu haben.")

Nihil didicisse videris. = „Du scheinst nichts gelernt zu haben."

▶ Ohne Infinitiv kann es sich bei diesen Wörtern auch um ein „normales" Passiv von *videre* bzw. *dicere* handeln, z. B.

videor = „ich werde gesehen"
dicitur = „er/sie/es wird genannt"

4. DAS SUPINUM*

kommt sehr selten vor, es sieht aus wie ein PPP mit der Endung *-um* bzw. *-u*.

a) Supinum auf *-um* (Übersetzung: „um ... zu")
steht nach Verben der Bewegung:

Rogatum venerunt. = „Sie kamen, um zu bitten."
Dormitum eo. = „Ich gehe (um zu) schlafen."

b) Supinum auf *-u* (Übersetzung: „zu ...")
steht nach Adjektiven, die eine Bewertung ausdrücken:

difficile dictu = „schwer zu sagen"
facile factu = „leicht zu tun"
horribile auditu = „schrecklich zu hören"

5. DAS PARTICIPIUM CONIUNCTUM

Unter dem Participium coniunctum (PC, „verbundenes Partizip") versteht man ein Partizip (meist Präsens oder Perfekt), das **mit einem Nomen** in einem beliebigen Fall **übereingestimmt** ist und nicht unmittelbar neben diesem Nomen steht, sondern eine **Sperrung** (Klammer) bildet:

a) ***Quintus*** *in schola* ***dormiens*** *a magistro monetur.* (PPA)
(„Quintus, in der Schule schlafend, wird vom Lehrer ermahnt.")

b) ***Quintus*** *a magistro* ***monitus*** *nunc iterum dormit.* (PPP)
(„Quintus, vom Lehrer ermahnt, schläft jetzt wieder.")

Ein PC wird in der Regel **nicht wörtlich** übersetzt, sondern zu einem Gliedsatz (oder Hauptsatz) umgeformt. (Das lateinische Partizip wird daher im Deutschen zum Prädikat dieses Satzes!)

Als **Erstübersetzung** ist fast immer ein **Relativsatz** geeignet:

ad a) „Quintus, **der** in der Schule schläft, wird vom Lehrer ermahnt."

ad b) „Quintus, **der** vom Lehrer ermahnt worden ist, schläft jetzt wieder."

Alle Übersetzungsmöglichkeiten für das PC		
Wiedergabe als	**Übersetzung**	**grammatikalische Bezeichnung**
GLIEDSATZ	„der/die/das"	relativ (bezüglich)
	„als", „nachdem"[1], „während"[2]	temporal (zeitlich)
	„weil"	kausal (begründend)
	„obwohl"	konzessiv (einschränkend)
	„wenn"	konditional (bedingend)
	„indem"[2]	modal (erklärend)
HAUPTSATZ	„und"	beiordnend (Hauptsatzreihe)

[1] nur bei Vorzeitigkeit (Partizip Perfekt)

[2] nur bei Gleichzeitigkeit (Partizip Präsens)

▶ Beachte die **Eigenschaften** der Partizipia:

- PPA → **gleichzeitig** (gleiche Zeit wie im Hauptsatz) und **aktiv**
- PPP → **vorzeitig** (eine Stufe vor der Zeit des Hauptsatzes, s. S. 35) und **passiv**

▶ Das **Futurpartizip** (s. S. 21) drückt als PC oft einen Zweck aus (finaler Sinn):

Caesar in Galliam venit bellum gesturus.
= „Cäsar kam nach Gallien, um Krieg zu führen."

6. DER ABLATIVUS ABSOLUTUS

Ein Ablativus absolutus (Abl. abs., „losgelöster Ablativ") ist die Verbindung eines **Nomens im Ablativ** mit einem **Partizip** (Präsens oder Perfekt):

a) ***Quinto dormiente*** *magister docet.* (PPA)
b) ***Quinto monito*** *magister docet.* (PPP)

Ein Abl. abs. darf **keinesfalls wörtlich** (d.h. wie ein „normaler" Ablativ mit „durch", „mit" etc.) übersetzt werden, sondern muss zu einem **Gliedsatz** umgeformt werden. Dabei gilt folgende Regel:

lat. ABL. ABS.:	–	Ablativ +	Partizip
↓	↓	↓	↓
dt. GLIEDSATZ:	Bindewort[1] +	Subjekt +	Prädikat

[1] Als Einleitung des deutschen Gliedsatzes können **dieselben Bindewörter wie beim PC** (s. S. 38) verwendet werden (Ausnahme: **kein Relativsatz**, da ein Abl. abs. von keinem anderen Wort des Satzes abhängt, sondern „absolutus", also „losgelöst", ist!).

Beim **Partizip Präsens** (aktiv + gleichzeitig) eignet sich als Erstübersetzung „**während**", beim **Partizip Perfekt** (passiv + vorzeitig) „**nachdem**":

ad a) „Während Quintus schläft, unterrichtet der Lehrer."

ad b) „Nachdem Quintus ermahnt worden ist, unterrichtet der Lehrer (weiter)."

▶ Fallweise kann der Abl. abs. auch als **Präpositionalausdruck** wiedergegeben werden:
urbe relictā = („nachdem die Stadt verlassen worden war" →) „nach dem Verlassen der Stadt"

„Sonderformen" des Abl. abs.:*

Statt eines Partizips können im Abl. abs. auch bestimmte prädikativ verwendete **Nomina** oder **Adjektiva** stehen:

- *Romulo rege* („als Romulus König war" →) „unter König Romulus"
- *Caesare duce* („als Cäsar Führer war" →) „unter Cäsars Führung"
- *imperatore Augusto* („als Augustus Kaiser war" →) „unter Kaiser Augustus"
- *Hannibale vivo* („als Hannibal lebendig war" →) „zu Lebzeiten Hannibals"
- *Cn. Pompeio, M. Crasso consulibus* („als Cn. Pompeius und M. Crassus Konsuln waren" →) „unter den Konsuln Cn. Pompeius (und) M. Crassus"

7. DAS GERUNDIUM

Das Gerundium ist das nominal gebrauchte Zeitwort (**Verbalnomen**). Es dekliniert nur im Sg. (nach der o-Deklination). Merkmal sind die Buchstaben *-nd-*:

1	*[legere]*	[„das Lesen; zu lesen"]
2	*legendi*	„des Lesens"[1]
	legendi causa	„um zu lesen"
3	*[legendo]*	[„dem Lesen"][2]
4	*ad legendum*	„zum Lesen"; „um zu lesen"
6	*legendo*	„durch das Lesen"
	in legendo	„beim Lesen"

[1] Der Genetiv des Gerundiums kann oft auch als **Infinitiv** übersetzt werden: *voluntas legendi* = („der Wunsch des Lesens" →) „der Wunsch zu lesen"

[2] Im Dativ kommt das Gerundium sehr selten vor.

8. DAS GERUNDIV

Das Gerundiv hat als Merkmal ebenfalls *-nd-*, ist im Gegensatz zum Gerundium aber ein **Adjektiv** (d.h. es ist immer mit einem Nomen übereingestimmt):

legendus/a/um (1.F.)

legendi/ae/i (2.F.)

(etc.)

Das Gerundiv wird auf zwei verschiedene Arten verwendet:

a) Attributives Gerundiv („Gerundivum pro gerundio")[1]

Das Gerundiv steht statt eines Gerundiums mit Objekt (und wird wie dieses übersetzt). Dabei nimmt das Objekt den Fall des Gerundivs und das Gerundiv die Zahl des Objekts an.

2. Sg.	*epistulae legendae causa*	„um den Brief zu lesen"
Pl.	*epistularum legendarum causa*	„um Briefe zu lesen"
4. Sg.	*ad epistulam legendam*	„um den Brief zu lesen"
Pl.	*ad epistulas legendas*	„um die Briefe zu lesen"
6. Sg.	*epistula legenda*	„durch das Lesen des Briefes"
Pl.	*epistulis legendis*	„durch das Lesen von Briefen"
Sg.	*in epistula legenda*	„beim Lesen des Briefes"
Pl.	*in epistulis legendis*	„beim Lesen von Briefen"

[1] Diese Verwendung des Gerundivs wird auch als „Gerundivkonstruktion" bezeichnet.

b) Prädikatives Gerundiv („müssen"-Gerundiv)

Es ist Teil des Prädikats und steht nur bei **Formen von *esse***. Es ist mit dem Subjekt übereingestimmt und kommt daher nur im **1. Fall** (AcI: 4. Fall) vor.

Das Gerundiv drückt eine Handlung aus, die **gemacht werden muss**:

Liber legendus est. = („Das Buch ist zu lesen." →)
„Das Buch muss gelesen werden."

Libri legendi sunt. = („Die Bücher sind zu lesen." →)
„Die Bücher müssen gelesen werden."

Die **handelnde Person** steht dabei im **Dativ** (Dativus auctoris, s. S. 29):

Mihi liber legendus est. = („Mir ist das Buch zu lesen." →)
„Ich muss das Buch lesen."

- Das **verneinte** Gerundiv wird mit „**nicht dürfen**" (vgl. engl. *must not*) übersetzt:
  Hic liber legendus non est. = „Dieses Buch darf nicht gelesen werden."

- Im **AcI** steht das Gerundiv im Akkusativ und ist mit dem Subjektsakkusativ übereingestimmt:
  *Constat hunc lib**rum** legen**dum** non esse.*
  = „Es steht fest, dass dieses Buch nicht gelesen werden darf."

- ***curare*** **+ Gerundiv* = „lassen":**
  Pontem faciendum curavit. = „Er ließ eine Brücke bauen."

ZUSAMMENFASSUNG ZU GERUNDIUM UND GERUNDIV	
Gerundium	ist ein **Nomen** (→ steht alleine) Übersetzung: als Nomen oder als Infinitiv
Gerundiv	ist ein **Adjektiv** (→ übereingestimmt) ▪ attributives Gerundiv: 2. bis 6. Fall Übersetzung: wie Gerundium (als Nomen oder Infinitiv) ▪ prädikatives Gerundiv: 1. Fall (AcI: 4.F.) + Form von *esse* Übersetzung: „müssen"
NOTA BENE:	*ad* + Gerundium/Gerundiv (4.F.) Gerundium/Gerundiv (2.F.) + *causa* } „um zu"

III. SÄTZE

1. KONJUNKTIV IM HAUPTSATZ

a) Konjunktiv Präsens

- **Coniunctivus optativus** (Wunsch)
  Übersetzung: „**möge**"/„**soll**" oder auch der deutsche **Konjunktiv 1**
  Fiat lux! = „Es werde Licht!"
  („Es möge/soll Licht werden!")

- **Coniunctivus iussivus** (Gebot)
  Übersetzung: „**soll**" oder auch der deutsche **Konjunktiv 1**
  Discipulus veniat! = „Der Schüler soll kommen (komme)!"

- ***Coniunctivus hortativus*** (Aufforderung an die 1. P. Pl.)*
  Übersetzung: „**wir wollen**"/„**lasst uns**"
  Gaudeamus igitur! = „Wir wollen uns also freuen!"

- **Coniunctivus dubitativus** (zweifelnde Frage an die 1. P.)*
  Übersetzung: „**soll**"
  Quid faciam/faciamus? = „Was soll ich/sollen wir tun?"

- **Coniunctivus potentialis** (Möglichkeit)*
  Übersetzung: „**könnte**"
  Aliquis dicat. = „Jemand könnte sagen."
  Erres. = „Du könntest dich irren."

b) Konjunktiv Perfekt

- **Coniunctivus prohibitivus** (nach *ne*; Verbot an die 2. P. Sg./Pl.)*
  Übersetzung: als **verneinter Imperativ**
  Ne hoc dixeris! = „Sag das nicht!"

- **Coniunctivus potentialis** (Möglichkeit)*
  Übersetzung: „**könnte**" (wie der Konjunktiv Präsens, keine Vergangenheitsbedeutung!)
  Aliquis dixerit. = „Jemand könnte sagen."

c) Konjunktiv Imperfekt (Übersetzung: **Konjunktiv 2**/„würde")

- **Coniunctivus optativus** (unerfüllbarer Wunsch)

  Utinam veniret! = „Wenn er doch käme/kommen würde!"

- **Coniunctivus irrealis der Gegenwart**

  Venirem, si possem. = „Ich würde kommen, wenn ich könnte." (vgl. S. 47)

d) Konjunktiv Plusquamperfekt (Übersetzung: „wäre/hätte ge-…")

- **Coniunctivus optativus** (unerfüllter Wunsch)

  Utinam venisset! = „Wenn er doch gekommen wäre!"

- **Coniunctivus irrealis der Vergangenheit**

  Venissem, si potuissem. = „Ich wäre gekommen, wenn ich gekonnt hätte." (vgl. S. 47)

▶ Begehrende Konjunktive werden mit *ne* verneint, alle anderen mit *non*.

2. DIE ZEITENFOLGE IN GLIEDSÄTZEN (Consecutio temporum)

Die Consecutio temporum regelt die Verwendung der Konjunktive in lateinischen **Gliedsätzen**. Dabei bringt der Konjunktiv zum Ausdruck, in welchem **Zeitverhältnis** der Gliedsatz (GS) zum Hauptsatz (HS) steht, d.h. ob die Handlung des GS gleichzeitig mit der des HS bzw. davor oder danach stattgefunden hat.

Übergeordneter Satz	Untergeordneter Satz		
	vorzeitig	**gleichzeitig**	**nachzeitig**
Präs./Futur/Imperativ	Konj. Perf.	Konj. Präs.	*-urus 3 sim*
Impf./Perfekt/Plqpf.	Konj. Plqpf.	Konj. Impf.	*-urus 3 essem*

Die Consecutio temporum gilt u.a. für die folgenden Gliedsatzarten:

- ***ut/ne*-Sätze** (s. S. 44): immer gleichzeitig
- ***cum*-Sätze** (s. S. 45): gleich- oder vorzeitig
- **indirekte Fragesätze** (s. S. 44): gleich-, vor- oder nachzeitig

Quaero,	*quid fecerit.* *quid faciat.* *quid facturus sit.*	„Ich frage,	was er getan hat (habe)." was er tut (tue)." was er tun wird (werde)."
Quaesivi,	*quid fecisset.* *quid faceret.* *quid facturus esset.*	„Ich fragte,	was er getan hatte (habe)." was er tat (tue)." was er tun wird (werde)."

▶ In indirekten Frage- und *ut*-Sätzen bezieht sich das Reflexivpronomen oft auf das Subjekt des übergeordneten Satzes (indirektes Reflexiv):*

Magister postulat, ut parentes ad se veniant.
= „Der Lehrer fordert, dass die Eltern zu **ihm** kommen." (nicht: „zu sich")

3. INDIREKTE FRAGESÄTZE

werden mit Fragepronomina (z.B. *quis*), Frageadverbia (z.B. *ubi*) oder Fragepartikeln (z.B. *num*) eingeleitet. Das Prädikat steht immer im **Konjunktiv**, der im Deutschen jedoch **oft als Indikativ** wiedergegeben wird. Indirekte Fragesätze können gleich-, vor- oder nachzeitig sein (vgl. die Consecutio temporum S. 43):

- *Nescio, ubi Iulia sit.* = Ich weiß nicht, wo Julia ist. (→ gleichzeitig)
- *Nescio, ubi Iulia fuerit.* = Ich weiß nicht, wo Julia gewesen ist. (→ vorzeitig)
- *Nescio, ubi Iulia futura sit.* = Ich weiß nicht, wo Julia sein wird. (→ nachzeitig)

4. *UT*-SÄTZE

a) *ut* + Indikativ (Übersetzung: „**wie**", „**als**"):

Ut iam dixi, erras. = „Wie ich schon gesagt habe, irrst du."

Ut te vidi, clamavi. = „Als ich dich gesehen habe, habe ich geschrien."

b) *ut* + Konjunktiv

Konjunktivische *ut*-Sätze sind immer gleichzeitig; der Konjunktiv *muss* nicht (Konsekutivsätze: *darf* nicht) als solcher übersetzt werden.

- **Begehrsätze** („**dass**") – Verneinung: ***ne*** („dass nicht")

  Opto, ut venias. = „Ich wünsche, dass du kommst."

  ▶ Nach den Verben des **Abhaltens** und **Fürchtens** bedeutet *ne* **„dass"**: *

  Timeo, ne sero veniam. = „Ich fürchte, dass ich zu spät komme."

- **Finalsätze** (Zwecksätze: „**damit**", „**um zu**") – Verneinung: ***ne*** („damit nicht")

  Disco, ut multum sciam. = „Ich lerne, damit ich viel weiß."
  „Ich lerne, um viel zu wissen."

- **Konsekutivsätze** (Folgesätze: „**(so)dass**") – Verneinung: ***ut non*** („(so)dass nicht")

  Non didici, ut nihil scirem. = „Ich lernte nicht, sodass ich nichts wusste."

▶ Konsekutive *ut*-Sätze stehen oft nach **„so"-Begriffen** *(ita, sic, tam)*:

Tam diu dormiebam, ut sero venirem. = „Ich schlief so lange, dass ich zu spät kam."

NOTA BENE: *ut*-Sätze (mit Ausnahme der Konsekutivsätze) können oft auch mit dem Infinitiv wiedergegeben werden:

A te petivi, ut me visitares. = „Ich bat dich, mich zu besuchen."
Venimus, ut vos videremus. = „Wir kamen, um euch zu sehen."

5. *CUM*-SÄTZE

a) *cum* + Indikativ („wenn", „als", „sooft"):

Cum in schola sum, dormio. = „Wenn ich in der Schule bin, schlafe ich."

b) *cum* + Konjunktiv

cum-Sätze können gleich- oder vorzeitig sein; der Konjunktiv darf nicht als Konjunktiv, sondern muss als Indikativ (derselben Zeit) übersetzt werden!

- **narratives (erzählendes) *cum*** („als", „während", „nachdem"):

  Cum te viderem, te subito amavi.
  = „Als ich dich sah, war ich sofort in dich verliebt."

  Cum te cognovissem, te non iam amavi.
  = „Nachdem ich dich kennen gelernt hatte, liebte ich dich nicht mehr."

- **kausales (begründendes) *cum*** („weil", „da"):

  Cum aeger essem, domi manebam.
  = „Weil ich krank war, blieb ich zu Hause."

- **konzessives (einschränkendes) *cum*** („obwohl"):

  Cum aeger essem, (tamen) domi non manebam.
  = „Obwohl ich krank war, blieb ich (dennoch) nicht zu Hause."

▶ Das Signalwort für das konzessive *cum* ist *tamen* („dennoch") im übergeordneten Satz!

6. RELATIVSÄTZE (bezügliche Gliedsätze)

werden meist mit *qui, quae, quod* („der/die/das" bzw. „welcher/e/es") eingeleitet. Dieses Relativpronomen (s. S. 14) bezieht sich auf ein **Nomen** aus dem **übergeordneten Satz** und ist mit diesem **Bezugswort** in Zahl und Geschlecht übereingestimmt. (Der Fall des Relativpronomens ergibt sich aus dessen Funktion im Satz, d.h. wie man danach fragt.)

Magister, ***quem*** *exspectabamus, non venit.*
= „Der Lehrer, **den** wir erwarteten, kam nicht."

quem:	• Zahl:	Singular (wie *magister*)
	• Geschlecht:	maskulin (wie *magister*)
	• Fall:	4. Fall (Objekt: **Wen** erwarteten wir?)

Weitere Bedeutungen von *qui, quae, quod:*

- **Fragepronomen** („**welcher/e/es**", s. S. 14):

  Quem librum legis? = „Welches Buch liest du?"
- **Relativer Anschluss** („**dieser/e/es**") nach Punkt oder Strichpunkt:

  Marcus puer laetus est. Quem omnes puellae amant.

  = „Markus ist ein fröhlicher Bub. Diesen (= ihn) lieben alle Mädchen."

a) Indikativische Relativsätze

Die meisten Relativsätze stehen im Indikativ (Beispiel: s. S. 45).

Besonderheiten:

- **Relativsätze ohne Bezugswort (Subjektsätze/Objektsätze):***

  fallweise bei ***quod*** **= „was"** („das, was") und ***qui*** **= „wer"** („der, der"):

  Quod licet Iovi, non licet bovi.

  = „Was Jupiter erlaubt ist, ist dem Ochsen nicht erlaubt."

  Qui tacet, consentire videtur.

  = „Wer schweigt, scheint zuzustimmen."

- **AcI im Relativsatz:***

  Ist das Relativpronomen der Subjektsakkusativ eines AcI, so ist die wörtliche Übersetzung nicht möglich → Umschreibung mit **„von dem/der ..."**

  Pater, quem dormire putabamus, subito clamavit.

  = „Der Vater, von dem wir glaubten, dass er schlief, schrie plötzlich."

b) Konjunktivische Relativsätze*

In manchen Relativsätzen schwingt die Bedeutung eines *ut* (seltener: eines *cum*) mit. Sie stehen dann wie diese Sätze im Konjunktiv.

- **mit finalem Sinn** (Übersetzung: **„sollen"**)

  Diese Relativsätze drücken wie das finale *ut* einen Zweck aus:

  Copiae mittuntur, qui Gallos vincant.

  = „Truppen werden geschickt, die die Gallier besiegen sollen."

- **mit konsekutivem Sinn** (Übersetzung: mit dem **Indikativ**)

  Diese Relativsätze drücken wie die konsekutiven *ut*-Sätze eine Folge aus. Als Probe kann immer „solch" oder „so beschaffen, dass" gedacht werden:

  Nemo est, qui hoc credat. = „Es gibt niemand (solchen), der das glaubt."

  Sunt, qui hoc credant. = „Es gibt (solche) Leute, die das glauben."

7. KONDITIONALSÄTZE (Bedingungssätze)

Einleitung: *si* („wenn") bzw. verneint *nisi* („wenn nicht")

Der Konjunktiv wird wie ein **Konjunktiv im Hauptsatz** (S. 42 f.) übersetzt:

- *Si taces, philosophus manes.* (Indikativ → Realis)
  = „Wenn du schweigst, bleibst du ein Philosoph."
- *Si taceres, philosophus maneres.* (Konj. Imperfekt → Irrealis der Gegenwart)
  = „Wenn du schweigen würdest, würdest du ein Philosoph bleiben."
- *Si tacuisses, philosophus mansisses.* (Konj. Plqpf. → Irrealis der Vergangenheit)
  = „Wenn du geschwiegen hättest, wärest du ein Philosoph geblieben."

8. CONIUNCTIVUS OBLIQUUS *

Der Konjunktiv der subjektiven Darstellung (Coniunctivus obliquus) steht – wie im Deutschen – in allen Gliedsätzen, wenn die **Meinung eines anderen** ausgedrückt werden soll. Dieser Konjunktiv **muss** übersetzt werden!

Caesar a sociis frumentum postulavit, quod polliciti essent.
= „Cäsar forderte von den Verbündeten das Getreide, das sie versprochen **hätten**."
(→ Cäsar behauptet das, es steht aber nicht fest).

9. INDIREKTE REDE *(Oratio obliqua)* *

Ein Sachverhalt wird durch einen Erzähler/eine Erzählerin mitgeteilt. Daher stehen

- Hauptsätze: im **AcI** (Aussagesätze)
  im **Konjunktiv** (Fragen und Begehrsätze)
- Gliedsätze: durchwegs im **Konjunktiv** nach der Consecutio temporum (s. S. 43)

Übersetzung: Alle Sätze werden im Deutschen mit dem **Konjunktiv** wiedergegeben.

Legati haec fere dixerunt:	Die Gesandten sagten ungefähr das:
Romanos iniquos esse,	Die Römer seien ungerecht,
quod oppida occupavissent.	weil sie die Städte besetzt hätten.
Qua de causa id fecissent?	Weshalb hätten sie das gemacht?
Oppida relinquerent!	Sie mögen die Städte verlassen!

▶ Bei der Übersetzung ist es oft hilfreich, sich ein **„er/sie sagte(n), dass ..."** (o.Ä.) zu denken, das im Lateinischen häufig fehlt.

DIE WICHTIGSTEN LATEINISCHEN PRÄPOSITIONEN

Mit * markierte Wörter kommen nicht im Grundwortschatz von *Medias In Res!* (Kap. 1–30) vor.

a) Präpositionen mit AKKUSATIV

ad	„zu", „an", „bei"
*adversus**	„gegen"
ante	„vor"
apud	„bei"
*circum**	„um…herum"
contra	„gegen"
extra	„außerhalb"
inter	„zwischen"; „unter"
*infra**	„unterhalb"
*intra**	„innerhalb"

ob	„wegen"
per	„durch"
post	„nach"; „hinter"
praeter	„außer"
*prope**	„nahe bei"
*propter**	„wegen"
*secundum**	„gemäß"
*supra**	„über", „oberhalb"
trans	„über"; „jenseits (von)"

b) Präpositionen mit ABLATIV

a/ab	„von"
cum	„mit"
de	„von", „über"
e/ex	„aus", „von"

*prae**	„vor"
pro	„für"
sine	„ohne"

c) Präpositionen mit AKKUSATIV oder ABLATIV

in + Akk. (Frage: wohin?)	„nach", „in"; „gegen"
in + Abl. (Frage: wo?)	„in", „auf"; „bei"

sub + Akk. (Frage: wohin?)	„unter (…hin)"
sub + Abl. (Frage: wo?)	„unter"

d) Unechte Präposition mit dem GENETIV

causa[1] (nachgestellt)	„wegen"

[1] *causa* ist eigentlich ein Ablativ: „durch den Grund" (vgl. im Deutschen „aufgrund"!)

GRAMMATIKALISCHE FACHBEGRIFFE

a) Verwendung der einzelnen Wortarten

Ein Nomen (bzw. Pronomen) kann verwendet werden als:		
Subjekt	Satzgegenstand	*Marcus Iuliam amat.*
Objekt	Ergänzung	*Marcus Iuliam amat.*
Apposition	Beisatz	*Marcus Iuliam, puellam pulchram, amat.*
Attribut	Beifügung	*Marcus amicus Iuliae est.*
Prädikatsnomen		*Iulia est puella pulchra.*

Ein Adjektiv kann verwendet werden:		
attributiv	als Ergänzung zu einem Nomen	*Puella pulchra dormit.* („Das hübsche Mädchen schläft.")
prädikativ	als Teil des Prädikats (2.Teil: Form von *esse*)	*Puella pulchra est.* („Das Mädchen ist hübsch.")

Ein Verbum kann sein:		
Prädikat	Personalform	*Marcus Iuliam amat.*
Infinite Verbalform	Verbform ohne Personalendung	Infinitiv, Partizip, Gerund

b) Die wichtigsten lateinischen Gliedsatzarten

lat.	Übersetzung	dt. Beispiel	lat. Beispiel
final	bezweckend	„damit", „um zu"	*ut* + Konj.; *causa*/*ad* + Gerund; Supinum auf *-um*; Futurpartizip
konsekutiv	folgernd	„sodass"	*ut* + Konj.
temporal	zeitlich	„als", „nachdem", „während"	*cum* + Konj.; PC; Abl. abs.
kausal	begründend	„weil"	*cum* + Konj.; *quod, quia, quoniam*; PC; Abl. abs.
konzessiv	einschränkend	„obwohl", „wenn auch"	*cum* + Konj.; *quamquam*; PC; Abl. abs.
konditional	bedingend	„wenn", „falls"	*si, nisi;* PC; Abl. abs.
relativ	bezüglich	„der/die/das"	*qui/quae/quod;* PC

c) Satzwertige Konstruktionen (sK):

= lat. Partizip- und Infinitivkonstruktionen, im Dt. mit Gliedsatz wiedergegeben:

▪ ACI (→ S. 36)	▪ PC (→ S. 38)	▪ NCI (→ S. 37)	▪ Abl. abs (→ S. 39)
▪ Gerundium / Gerundiv mit *ad* oder *causa* (→ S. 41)			
▪ attributives Gerundiv (→ S. 40)			